Erika Küffner

Herr Mausohr und seine Verwandten

Allerlei über Fledermäuse

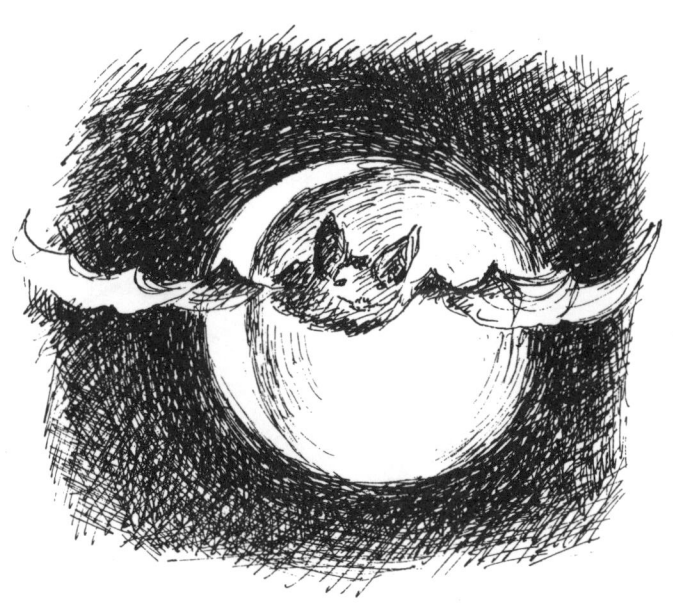

Erika Küffner

Herr Mausohr und seine Verwandten

Allerlei über Fledermäuse

Zeichnungen von Monika Stein-Böving

Auer Verlag GmbH

1. Auflage. 1999
© Auer Verlag GmbH, Donauwörth. 1999
Alle Rechte vorbehalten
Umschlag: Monika Stein-Böving
Gesamtherstellung: Ludwig Auer GmbH, Donauwörth
ISBN 3-0**3315**-5

Inhalt

1

Nächtliche Begegnung

Als Fabian aufwachte, war es noch dunkel. Es dauerte eine Weile, bis er sich erinnern konnte, wo er war. Er lag in einem fremden Bett. Das stand in der Dachkammer des alten Bauernhauses, in dem die Eltern für die Ferienwochen Zimmer gemietet hatten. Fabian zog die heruntergerutschte Decke hoch. Bei der ungewohnten Stille war ihm ein bisschen unheimlich zumute. „Quatsch – ich hab überhaupt keine Angst", sagte er laut in die Stille hinein. Er war ärgerlich über sich selber. Schließlich hatte er ja unbedingt allein hier oben wohnen wollen. Das fahle Licht einer Straßenlaterne geisterte durch den Raum und über die dicken

Holzbalken an der Decke. Dort entdeckte Fabian etwas Merkwürdiges: Es war ein kleiner, dunkler Klumpen, der unten an einem Balken hin und her baumelte. Aber das konnte keine Zugluft sein, die das Ding baumeln ließ! Dazu bewegte es sich viel zu heftig.

Fabian bekam Herzklopfen. Er wollte sich schon die Decke über den Kopf ziehen. Aber dann schluckte er dreimal kräftig und angelte nach seiner Taschenlampe.

In ihrem Strahl erkannte er, dass das da oben ein seltsames Tier war, das mit dem Kopf nach unten hing. Den drehte es lebhaft nach allen Richtungen und riss dabei immer wieder das Mäulchen auf. Sogar spitze kleine Zähnchen im rosaroten Rachen konnte Fabian erkennen. Was war das? Eine Maus? Aber Mäuse schaukelten sich doch nicht mit dem Kopf nach unten an der Decke! Fabian blinzelte zu dem rätselhaften Wesen hinauf. Da entfaltete das

graubraune Tier ganz plötzlich dünne Hautflügel. Es flatterte einige Male im Zimmer herum, bevor es völlig lautlos durch das offene Fenster entschwand.

Fabian starrte ihm durch die Dunkelheit nach. Plötzlich fielen ihm Bilder ein, die er in einem Tierkalender gesehen hatte. Kein Zweifel: Dieses Wesen war eine Fledermaus – die erste lebendige Fledermaus, die ihm begegnet war. Fabian überlief eine Gänsehaut. Fledermäuse waren geheimnisvoll und unheimlich. Er dachte an die hässlichen Figuren aus den Comic-Heften. Sie hatten Fledermausflügel und manche dazu riesige Zähne. Wo sie auftauchten, flößten sie Furcht ein.

Fabian setzte sich auf und schüttelte sich. Die Weckeruhr zeigte drei Uhr früh. Fernes Donnergrollen war zu hören. Plötzlich prasselte draußen heftiger Regen los.
Da sprang Fabian schnell zum Fenster und

verriegelte es fest. Dann kroch er unter die Decke und schlief ein.

Am nächsten Morgen war er sich nicht sicher, ob er seine nächtliche Begegnung nicht nur geträumt hatte. Als die Familie beim Frühstück saß, fragte er so nebenbei: „Gibt es hier eigentlich Fledermäuse?"

„Das ist gut möglich, es soll sie sogar noch bei uns zu Hause mitten in der Großstadt geben", antwortete der Vater. „Sie sind jedoch so selten geworden in den letzten Jahren, dass man anfängt, sie überall zu beobachten und zu zählen. Wenn du eine siehst, sollst du das beim Amt für Umweltschutz melden."

„Dann melde ich, dass ich heute Nacht eine gesehen habe", sagte Fabian. Und er erzählte sein Erlebnis.

„Ui, wie gruslig! Da gehe ich nicht hinauf in dein Zimmer!", rief die kleine Franziska.

„Wie traurig", sagte Fabian und lachte. Aber noch lauter lachte die Bäuerin, die im

Türrahmen der Küche stand und interessiert zugehört hatte.

„Wegen *einer* Fledermaus fürchtest du dich?", meinte sie. „Da musst du einmal auf die alte Tenne gehen, da hängt ein ganzer Haufen. Mich ärgert es, dass sie Dreck machen, aber der Leonhard erlaubt nicht, dass man sie vertreibt."

Leonhard, der Sohn der Bäuerin, war sechzehn Jahre alt und die Ferien über zu Hause. Er besuchte eine Landwirtschaftsschule in der Stadt. Schon am Abend hatte Fabian sich mit ihm angefreundet und versprochen, ihm ab und zu bei der Feldarbeit zu helfen.

„Musst dich an den Leonhard halten, wenn du etwas über die Fledermäuse wissen willst", sagte die Bäuerin. Und voll Stolz fügte sie hinzu: „Der kennt sich aus!"

2

In der Scheune

Am Nachmittag machte sich die Familie auf den Weg zum neuen Schwimmbad im Nachbardorf. Doch Fabian sagte: „Ich möchte lieber hier bleiben. Ich will mir den Stall einmal ganz gründlich anschauen." In Wahrheit aber wollte Fabian nur in der Nähe von Leonhard sein. Er half ihm, das Grünfutter abzuladen und die Tür am Schweinestall zu reparieren. Endlich holte Leonhard ein Fernglas, nahm einen großen Schlüssel vom Haken und winkte Fabian: „Jetzt komm mit, ich zeige dir unsere Fledermäuse." Dann sperrte er das große Tor an der Rückseite des alten Gebäudes auf. „Wir benützen die alte Tenne nicht mehr.

Die Heuvorräte sind über dem Stall im Neubau untergebracht", erklärte Leonhard. Dann aber legte er den Finger auf den Mund. „Jetzt musst du vor allem leise sein", mahnte er.

Sie betraten den großen leeren Raum mit dem offenen Dachgestühl aus uralten, kunstvoll zusammengefügten Balken. Das Einzige, was Fabian auffiel, waren Haufen auf dem Boden, die aussahen wie grob zusammengekehrter Schmutz. Auf sie deutete Leonhard. „Aha, und darüber sind die Fledermäuse?", vermutete Fabian. Er schlich sich zu einem Stützbalken und äugte nach oben.

Leonhard grinste: „Hereingefallen! So einfach verraten die Tiere sich nicht. Sie sind zudem auf ihre Weise reinlich und setzen ihren Kot außerhalb der Schlafplätze ab." Ein dunkelbrauner Fleck zeichnete sich oben zwischen Dachsparren und Ziegeln ab. „Hier?", flüsterte Fabian aufgeregt.

Leonhard nickte. „Das ist etwas ganz Besonderes", sagte er. „Eine Wochenstube. Die Fledermausweibchen tun sich im Hochsommer zusammen. Sie bringen hier ihre Jungen zur Welt und säugen sie, bis sie nach etwa vier Wochen flügge sind. Meist hat jede Mutter nur ein Junges. Sei jetzt einmal ganz still, dann können wir sie auch hören."

Wirklich, von oben kam ein feines Gewispere und Gezirpe, das sich wie kurzes Vogelzwitschern anhörte.

„Gegen Abend wird es lauter. Kurz bevor der Schwarm ausfliegt, geht es aufgeregt zu", sagte Leonhard.

„Nehmen sie ihre Jungen dann mit?"

„Nein. Die beißen sich zwar mit ihren kleinen Milchzähnen untertags am Fell oder an der Zitze der Mutter fest, doch abends werden sie meist weggeschoben. Schon ein Neugeborenes kann sich mit den Krallen der Hinterbeine am Hangplatz allein festhalten. Bei kaltem Wetter rücken die Fledermäuse ganz eng zusammen, um sich gegenseitig zu wärmen."

Fabian durfte nun die Tiere durch das Fernglas betrachten. Im scheinbaren Durcheinander von wolligen Körpern und halb geöffneten Flughäuten konnte er die einzelnen Köpfe herausfinden. Sie hingen alle nach unten. Die Ohren, stumpfen Schnauzen und glänzenden Nasenspitzen zeichneten sich ab. Und deutlich sah man die Größenunterschiede zwischen den alten und jungen Tieren.

Am Rand der Gruppe kam Unruhe auf. Dort wurden Flughäute gespreizt und Plätze getauscht. Fabian entdeckte ein winziges Fledermauskind, dessen Haut rosarot schimmerte.

„Sie kommen nackt und blind zur Welt", sagte Leonhard. „Die Mutter leckt und putzt sie, wie du es sicher schon bei einer guten Katzenmutter gesehen hast. Schon bald hilft das Junge selbst mit. Fledermäuse nehmen die Körperpflege sehr wichtig. Sie benützen die gebogenen Krallen ihrer Hinterfüße wie einen Kamm. Damit werden das Fell und die Flughaut bearbeitet. Zwischendurch wird der Putzfuß zum Reinigen durch das Maul gezogen."

„Nimm dir ein Beispiel an so viel Sauberkeit, würde meine Mutter jetzt sagen", bemerkte Fabian grinsend. „Tröste dich", meinte Leonhard, „meine schimpft da auch immer mit mir. Weil wir nicht von Läusen und Flöhen geplagt werden, sind wir bei der Reinigung großzügig. Aber die armen Fledermäuse müssen sich ihrer Haut wehren. Sie haben Schmarotzer. Milben und andere Insekten saugen in ihrem Pelz und auch an den Flügeln. Die Flughäute sind durchblutet und von Nervensträngen durchzogen. Da kitzelt und juckt es, wenn sich ein Insekt festgebissen hat. Eine Verletzung heilt aber auch bald wieder. Fle-

19

dermäuse reiben sich sogar mit einer öligen Flüssigkeit aus einer Drüse die Haut zum Schutz ein."

„Wie die Enten?", fragte Fabian.

Leonhard nickte: „Nur sitzt diese Drüse bei den Fledermäusen an der Schnauze, nicht am Bürzel."

„Schau mal! Ich glaube, die zwei da oben streiten sich um das Junge", meinte Fabian und reichte Leonhard das Fernglas zurück.

„Das würde mich wundern.

Jede Mutter kennt ihr eigenes Junges genau, an der Stimme und am Geruch. Nur wenn eine Mutter fortbleibt, weil ihr ein Unglück zugestoßen ist, nehmen sich andere um das verlassene Kind an."

Nun sahen sie, wie sich eine Fledermaus aus dem Verband löste. Mit bloßem Auge war gut zu erkennen, wie geschickt das Tier mit den Hinterfüßen am Dachbalken seitwärts entlang hangelte. Plötzlich drehte es sich um, sodass sein Kopf oben war. Es spreizte das Dreieck seiner Schwanzflughaut nach außen.

Fabian hielt sich den Mund zu, um sein Gelächter zu ersticken. Denn dass nun ein neuer Haufen am Boden der Tenne lag, hatte er deutlich gesehen und gehört. Während das Tier an seinen Schlafplatz zurückkroch, erklärte Leonhard leise: „Den Schwanz mit der Flughaut kann eine Fledermaus auch nach innen umschlagen. Manchmal bewahrt sie so eine Beute auf. Oder sie wickelt ihr Neugeborenes darin ein."

In der Gruppe am Dachgebälk gab es jetzt deutlich hörbare Unruhe. Die zurückkehrende Mutter störte die anderen. So wurde geschimpft, bis sich endlich jedes Tier wieder an seinem Platz zurechtgeschoben hatte.

„Gibt es in der neuen Scheune auch so eine Wochenstube?", fragte Fabian.

„Nein. Wir haben da etwas schlecht gemacht: Die Balken sind mit giftigen Lösungen eingelassen worden. Das schadet den Fledermäusen. Geschieht so etwas bei der Renovierung alter Kirchtürme und Dächer, vertreibt man angestammte Kolonien."

„Wie kann man das besser machen?"

„Wenigstens ein paar alte Bretter oder Balken zusätzlich als Hangplätze anbieten! Außerdem gibt es ungiftige Holzschutzmittel", sagte Leonhard. Er schaute auf die Uhr. „Einige Stunden lang schlafen unsere Fledermäuse noch", meinte er, „aber für mich wird es Zeit zur Stallarbeit. Hilfst du mit, die Kühe einzutreiben?"

„Klar", sagte Fabian.

„Nett von dir. Später zeige ich dir den kleinen Waldsee. Wenn du magst, können wir dort schwimmen. Übrigens werden wir dann in der Dämmerung auch Fledermäuse fliegen sehen. Doch am Wasser hat eine andere Art ihr Revier. Diese hier in der

Tenne heißen ‚Mausohr'. Sie sind besonders groß, ihre ausgebreiteten Flügel messen etwa vierzig Zentimeter."

„Gibt es hier verschiedene Arten von Fledermäusen?", fragte Fabian.

„O ja! Im größeren Umkreis hat man über zwanzig Arten festgestellt."

„Und was meinst du, was das heute Nacht bei mir im Zimmer gewesen sein kann?"

Leonhard hob die Schultern etwas zweifelnd: „Ich vermute, ein Mausohrmännchen. Die leben im Sommer als Einzelgänger, wollen auch beim Schlafen allein sein. Darum wechseln sie ihre Plätze häufig. Sicher ruht sich die Fledermaus oben in deiner Kammer öfter aus. Die Jagdflüge werden, vor allem bei schlechtem Wetter, ab und zu unterbrochen. Das Fenster in der Dachkammer lassen wir im Sommer immer offen stehen." Und während er das Tennentor abschloss, schaute er Fabian schmunzelnd von der Seite an: „Du solltest es auch so halten. Für euch Stadtleute ist das Schlafen bei offenem Fenster besonders gesund. Oder hast du etwa Angst?"

„Kein bisschen", lachte Fabian. „Und ich freue mich, wenn mich Herr Mausohr recht oft besucht."

3
Am Waldsee

„Unser neuer Stallbursch darf mit uns abendessen, wenn er mag", sagte die Bäuerin. „Freilich mag ich", sagte Fabian. Er war ordentlich ins Schwitzen geraten. Auf der Weide war eine störrische Kuh ausgerissen. Erst nach einer längeren Treibjagd war sie dann heimwärts getrottet. Als sie endlich in der Stalltüre verschwunden war, rief Fabian: „Ich hätte nie geglaubt, dass eine Kuh einen so zum Narren halten kann!"

Als seine Familie zurückkam, saß er satt und zufrieden auf der Bank vor dem Haus. Franziska erzählte begeistert vom Schwimmbad: „Eine Wasserrutschbahn und ein Wirbelbecken gibt es da. Du hast wirklich etwas versäumt!"

„Macht nichts", sagte Fabian, „dafür gehe ich jetzt mit Leonhard zum Schwimmen."

„Wir zwei haben nämlich ein eigenes Geheimschwimmbad mitten im Wald", verkündete Leonhard. „Man muss nur die Gummistiefel anziehen, damit man nicht auf dem Weg dorthin schon im Sumpf baden geht."

Im dichten Gehölz wurde Fabian ermahnt, sich geräuschlos wie ein Indianer zu bewegen. Schmale Fuß- und Wildpfade führten zu einer Lichtung in einer Bodensenke, die locker mit Schilf umstanden war. Auf Grasbuckeln turnten die beiden zwischen sumpfigen Löchern zu einer inselartigen Kuppe hinüber, auf der Birken und Kiefern wuchsen.

Plötzlich lag der stille Waldsee im Licht der Abendsonne vor ihnen. „A, ist das schön!", staunte Fabian.

Bevor sie in das bräunliche Wasser hüpften, sagte Leonhard: „Halte dich in meiner Nähe! Ich weiß, wo es ungefährlich für uns ist. Wir wollen auch die junge Fischbrut in Ruhe lassen und möglichst wenig Frösche und Molche stören."

Als sie nach ausgiebigem Schwimmen wieder in die Kleider geschlüpft waren, saßen sie noch eine Weile im moosigen Grund und unterhielten sich leise.

„Schau!", flüsterte Leonhard auf einmal und zeigte nach oben. Etwas Grauweißes flog da, lautlos und in schnellen Kurven. Am Umriss erkannte Fabian kleine spitze Ohren. Da wusste er sofort, dass es eine Fledermaus war. Nun schoss sie fort, hinaus über den See. Sie hielt sich ganz niedrig über dem Wasserspiegel. Darin bildeten sich kleine Ringe.

„Sie löscht ihren Durst, bevor sie jagt", sagte Leonhard. „Fledermäuse können wie Schwalben im Fliegen aus Gewässern trinken. Schwimmen können sie übrigens auch, wenn es sein muss. Dass dies eine Wasserfledermaus ist, erkennt man an der hellen Bauchseite. Am Rücken ist sie auch wie die meisten anderen Arten graubraun. Ihr schmecken am besten die Insekten, die über dem Wasser tanzen. Sie hat ein besonders großes Maul, um sie einzufangen."

„Und wo schläft sie untertags?", fragte Fabian.

„In den Wäldern, in Baumhöhlen. Auch Wasserfledermäuse ziehen ihre Jungen in Gesellschaft auf. Sie richten Wochenstuben sogar in den Nistkästen ein, die von Naturschützern angebracht worden sind. Dort lassen sie sich besonders gut beobachten.

Die Forscher haben auch Fledermäuse mit kleinen Ringen gekennzeichnet. Du weißt gewiss, dass man das mit Vögeln macht, um Erfahrungen über sie zu sammeln: über

die Verbreitung, die Brutgebiete, die Flug-
bahnen und ihr Lebensalter."

„Wie alt werden Fledermäuse denn?",
fragte Fabian.

„Man hat Tiere gefunden, die über zwanzig Jahre alt waren. Im Vergleich zu anderen kleinen Säugetieren leben Fledermäuse
lang. Weil sie nur ein bis zwei Junge im
Jahr haben, sorgt so die Natur dafür, dass
ihre Art erhalten bleibt."

„Sie ist zurückgekommen", flüsterte Fabian. Aufgeregt deutete er nach oben:
„Nein, das sind ja mehrere Fledermäuse,
mindestens sechs oder sieben!"

„Ich wollte, es wären noch viel mehr",
sagte Leonhard. „Es ist traurig, dass man
kaum noch richtige Schwärme sieht. Fledermäuse sind vom Aussterben bedroht,
weil unsere Natur aus dem Gleichgewicht
gekommen ist. Der Mensch ist daran
schuld. Er ist überall viel zu schnell und
ohne nachzudenken mit dem Giftspritzen

zur Hand. Das fängt schon im kleinen Garten an: Das Schneckengift vergiftet auch die Igel. Wer Blattläuse vergiftet, liefert den Vögeln tödliche Nahrung. Und das Gift, das Land- und Forstwirte über Äcker und Wälder verstreuen, bringt nicht nur schädliche Insekten um, sondern auch deren natürliche Feinde, die Fledermäuse.

Aber komm jetzt, wir müssen den Sumpf überquert haben, bevor es dunkel ist!"

Als sie zu Hause ihre Erlebnisse erzählten, sagte Fabians Vater: „Vor Jahren habe ich eine Menge Fledermäuse am Bodensee gesehen. Da gibt es uralte Holzbrücken an den Achen. Unter einer solchen hingen sie kopfunter nebeneinander und schliefen fest."

Fabian gähnte laut: „Das werde ich jetzt auch tun. Mann, bin ich müde!"

Bevor er in seine Dachkammer ging, drückte ihm Leonhard ein Stück Schnur in die Hand. Er grinste verschmitzt und sagte:

„Spann sie quer durch dein Zimmer und klammere deine Badehose zum Trocknen daran fest. Morgen Früh erzählst du mir dann, was du erlebt hast."

„Meinst du, die Fledermaus hängt sich daran auf?", fragte Fabian.

„Wart es ab", meinte Leonhard.

4

Auf der Hausbank

Diesmal war heller Tag, als Fabian aufwachte. Er hörte Gockelkrähen und Hennengackern.

Weit und breit war keine Fledermaus zu sehen.

„Ich habe sie verschlafen", murmelte er ärgerlich. Dann streckte und dehnte er sich. „Heute Nacht stelle ich mir den Wecker", nahm er sich vor.

Beim Frühstück sagte die Bäuerin: „Einen schönen Gruß vom Leonhard. Er ist schon in aller Herrgottsfrühe zum Vetter gefahren. Dort hilft er heut bei der Ernte. Er wird wohl erst spät heimkommen."

So machte sich Fabian mit den Seinen zu

einer Tageswanderung in die Umgebung auf. Erst nach dem Abendessen fand sich wieder alles auf der Bank vor dem Haus zusammen.

Leonhard hatte einen Vorschlag: „Ihr wollt doch sicher auch die Urbachhöhle kennen lernen. Mein Vetter ist nächstes Wochenende dort zum freiwilligen Dienst eingeteilt. Vielleicht kann ich ihn dazu bringen, euch von seinen vielen Erfahrungen mit Fledermäusen zu erzählen."

„Prima!", rief Franziska. Sie fing an, sich auch für diese merkwürdigen Tiere zu interessieren. „Sind das eigentlich mehr Mäuse oder mehr Vögel?", fragte sie.

„Weder – noch", lachte Leonhard. „Vom Körperbau her sind sie näher mit dem Maulwurf und dem Igel verwandt. Die sind ja auch Insektenfresser."

„Ich kenne einen ganz besonderen Insektenfresser", sagte die Mutter. „Er heißt Sonnentau und ist eine Pflanze. Er fängt

Mücken und anderes ‚Kleinzeug' und verspeist alles wie ihr etwa ein Schnitzel. Ist das nicht seltsam? Es gibt überhaupt so viel Staunenswertes – die Schmetterlinge zum Beispiel: Manchmal denke ich, sie sind schöne Orchideenblüten, die davonfliegen können. Die Fledermäuse leben in der Luft wie die Vögel. Und doch sind sie Säugetiere!"

„Im Wasser gibt es auch Säugetiere: die Wale und Delfine!", rief Fabian.

„Richtig!", sagte der Vater. Dann legte er seinen Arm um Franziska und sagte: „Dass du vor der Fledermaus in Fabians Stube Angst gehabt hast, hängt vielleicht mit allerlei abergläubischen Geschichten zusammen, die man sich von diesen harmlosen Tieren erzählt hat. Früher hat man gemeint, Fledermäuse würden sich in den Haaren junger Mädchen verfangen. Auch für bösen Zauber mussten die Armen herhalten und in der Volksmedizin zu Pulvern

und Heiltränken. Wie schlecht ihr Ruf war, kann man noch auf mittelalterlichen Bildern sehen: Da ist der gute Engel mit Vogelflügeln dargestellt, die Teufelsbrut hat jedoch Fledermausflügel."

Nun mischte sich die Bäuerin ein: „Ich habe mir aber von einer Verwandten sagen lassen, dass es bei ihr in Kärnten ein Sprichwort gibt, das heißt: ‚Fledermaus bringt Glück ins Haus'."

„Da müsst ihr aber viel Glück haben", meinte Franziska.

„O ja, mit unseren netten Sommergästen zum Beispiel", sagte die Bäuerin und alle lachten.

An diesem Abend stellte sich Fabian den Wecker auf drei Uhr morgens. Er legte die Uhr unter das Kopfkissen, damit er ja nicht wieder verschlief. Er wurde auch beim gedämpften Läuten gleich wach.

Tatsächlich, da war sie: seine Fledermaus! Das Anknipsen der Lampe hatte sie wohl bereits aufgeschreckt. Sie flatterte im Zimmer herum. Kurz vor der aufgespannten Wäscheleine schlug sie im Flug einen Haken und tauchte darunter durch. Dann kam sie zurück, diesmal im schmalen Zwischenraum von Deckenbalken und Schnur. Ein paar Mal flatterte sie unstet hin und her. Sie stutzte stets kurz vor der Leine und änderte wendig ihre Richtung.

Dabei scheuchte sie einen Nachtfalter auf. Verschlafen torkelte er von oben und stieß sich am Schirm der Nachttischlampe. Kaum hatte er sich wieder aufgerappelt, schoss die Fledermaus herunter und schnappte ihn. Dann flog sie durch das offene Fenster in die dunkle Nacht hinaus.

5

Sehen ohne Augen

„Es tut mir Leid, aber eine Zeit lang wirst du mich nur noch am Abend zu sehen bekommen", sagte Leonhard zu Fabian. „Wenn wir nächste Woche den Mähdrescher übernehmen, kannst du mit hinausfahren, wenn du Lust hast."

„Klasse", sagte Fabian. Sie saßen zusammen auf der Hausbank. Fabian erzählte von seiner Beobachtung an Mausohrs Flug.

„Genau das ist es, was an ihnen so auffällt", sagte Leonhard, „dass sie im Dunkeln überall ihren Weg und ihre Beute finden."

Franziska fragte: „Haben sie so gute Augen wie die Katzen? Die jagen doch auch in der Nacht!"

„Nein", antwortete Leonhard. „Die Augen sind bei den meisten Fledermausarten sehr klein und die Sehkraft ist schwach. Aus Versuchen weiß man, dass Fledermäuse sogar farbenblind sind. Doch passen sie sich beim Schlafen und Wachen dem Licht an. Nur machen sie es umgekehrt wie du, Franziska: Sie erwachen, wenn es dunkel wird, und beim Hellwerden fliegen sie schlafen."

„Und warum ist die Fledermaus in meinem Zimmer nicht an die Leine gestoßen?", wollte Fabian wissen.

Der Vater schmunzelte: „Ob der Leonhard auch das so genau weiß und erklären kann?"

„Ja, jetzt wird es schwierig", gab Leonhard zu und kratzte sich hinter dem Ohr. Dann fragte er Franziska: „Weißt du, was ein Echo ist?"

„Ja", nickte sie voll Eifer. „Wenn ich im Gebirge laut rufe, kann es sein, dass von einer Felswand der Ruf zurückkommt. Schreie ich dann: ‚Was essen die Studenten‘ höre ich die Antwort: ‚Enten‘.“

Leonhard lachte und fragte weiter: „Weißt du auch, warum das Echo entsteht?“

Franziska zögerte, doch Fabian platzte gleich heraus: „Wegen der Schallwellen! Durch das Rufen setzt sich die Luft in Bewegung und diese Wellen werden von der Felswand zurückgelenkt.“

„Du weißt das freilich“, sagte Leonhard; „weißt du vielleicht auch, was ein Radar ist?“

„Aber ja“, rief Fabian. „Bei uns am Flughafen ist eine große Radar-Station. Ein riesiger Metallschirm dreht sich ununterbrochen und sendet elektromagnetische Wellen aus. Wenn die auf Flugkörper in der Luft stoßen, kommen sie wie ein Echo zurück. Eine Antennenanlage fängt sie auf. Die Aufzeichnung der Strahlen geht über einen Bildschirm. So können die Fluglotsen

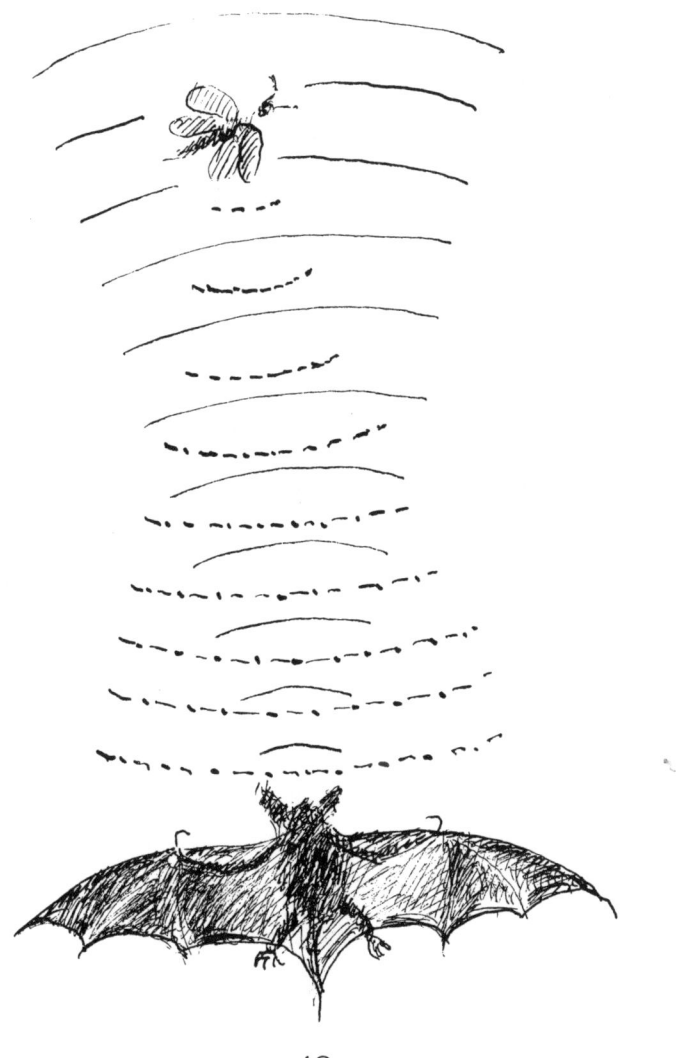

im Kontrollturm am Flughafen sehen, wo Flugzeuge in der Luft sind."

„Respekt", sagte Leonhard.

„Ich hätt' das nicht gewusst", meinte die Bäuerin kopfschüttelnd.

„Was hat das alles mit den Fledermäusen zu tun?", fragte Franziska.

„Sehr viel", sagte Leonhard, „denn Fledermäuse haben ein Echo-Ortungssystem. Dieser Tatsache ist man erst in unserem Jahrhundert auf die Spur gekommen. Ein italienischer Naturforscher hat jedoch schon vor zweihundert Jahren das Geheimnis des Fledermausfluges ergründen wollen. Er hat herausgefunden, dass auch blinde Fledermäuse sich sicher bewegen können und an keinem Hindernis anstoßen. Mit verschlossenen Ohren jedoch sind alle Tiere hilflos. Erklären konnte sich das niemand.

Erst im Jahr 1920 kam ein Forscher auf die Vermutung, dass Fledermäuse Schallsignale ausstoßen, mit den Ohren das Echo aufnehmen und sich beim Fliegen danach richten. Der Mensch kann diese Töne nicht hören, für sein Ohr sind sie viel zu hoch. 1938 hat ein anderer Forscher dann mit Apparaten nachgewiesen, dass diese Annahme richtig war.

Inzwischen weiß man genau, wie das hoch entwickelte System der Echo-Ortung bei den Fledermäusen arbeitet. Man kann sogar ihre Orientierungslaute umsetzen und mit Verstärkern für Menschen hörbar machen. Die Schreie und das Echo folgen ungeheuer schnell aufeinander. Bis zu elfmal in der Sekunde schreit eine Fledermaus. Ihre Gehörnerven sind überaus empfindlich und fangen die Antworten entsprechend schnell auf."

„Ich hab' das nicht begriffen", sagte Franziska betrübt.

Der Vater meinte: „Du bist schon ein richtiger Naturwissenschaftler, Leonhard. Ich will versuchen, deine Erklärung für Franziska verständlich zu machen am Beispiel der Fledermaus in Fabians Zimmer."

„Am Beispiel von Herrn Mausohr", lachte Fabian.

„Gut", fuhr der Vater fort, „Mausohr hat am Balken hängend geschlafen und wacht auf. Es ist dunkel. Mausohr will wissen, wo er ist. Er schreit nach unten. Das Echo kommt, er weiß, da unten ist Raum zum Fliegen. Er dreht den Kopf aufwärts, schreit wieder und hört am Echo, dass oben nur wenig Platz ist. Nun dreht er den Kopf zur Seite, da kommt auf seinen Schrei kein Echo. ‚Aha', weiß Mausohr, ‚da geht es in die Weite hinaus'. Da ist nämlich das offene Fenster.

Nun fliegt Mausohr los. Das Echo meldet ein kleines Hindernis. Er verharrt im Flug und ändert schnell die Bahn. Sein Gehör unterscheidet so genau, dass er erkennen kann, was er vor sich hat: einen Holzbal-

47

ken, eine steinerne Wand, eine dünne Schnur, daran etwas Weiches, nämlich die Badehose. Ist es so, Herr Fledermausforscher?"

Leonhard lachte. „Ja. Vor allem aber weiß Mausohr durch die Art des Echos, ob er etwas anpeilt, was sich selbst bewegt. So hat er den Nachtfalter erkannt, ist pfeilgerade auf ihn losgeflogen und hat ihn verspeist.

Alle unsere europäischen Fledermäuse machen es so wie Herr Mausohr. Bei denen aus der Familie der ‚Glattnasen‘ gehen die Ruflaute über das Maul, bei den ‚Hufeisennasen‘ über einen Nasenaufsatz. Der Schall bündelt sich wie in einem schmalen Trichter. Deshalb bewegen die Tiere den Kopf lebhaft herum, um alles abzutasten."

„Wie einen Radarschirm", ergänzte Fabian.

Franziska nickte. Sie meinte: „Das stelle ich

mir aber anstrengend vor: fliegen, schreien, hören, Insekten fangen und fressen, alles gleichzeitig."

„Da hast du Recht", sagte Leonhard. „Deshalb brauchen Fledermäuse viel Nahrung, sie haben kein leichtes Leben. Mausohr kann auf seinem nächtlichen Beuteflug so viel an Insekten in sich hineinstopfen, dass sein gefüllter Magen ein Viertel seines Gewichtes wiegt."

„Stellt euch vor, Kinder", rief die Mutter, „auf euch übertragen heißt das, ihr müsstet fünf Brotlaibe am Tag aufessen!"

Fabian meinte: „Dann schon lieber fünf große Pakete Eis!"

„So viel nicht, aber eine Packung Eis habe ich in der Kühltruhe. Und die bekommt ihr jetzt als Betthupferl", sagte die Bäuerin.

6
Bei der Höhle

Die erste Ferienwoche war viel zu schnell vergangen. Aber damit war auch der Tag der Höhlenbesichtigung gekommen.

Schon frühmorgens fuhr man los. Vor dem Zugang zum unterirdischen Bereich sahen sie bereits eine lärmende, sich drängelnde Menschenschar.

Ein junger Mann kam auf sie zu. Er trug am Anorak ein grün-weißes Abzeichen mit einem Lindenblatt.

„Sie sind gewiss der Herr Scherer", begrüßte ihn der Vater.

„Sagen Sie ruhig Arnold zu mir", lachte der junge Mann und schüttelte allen kräftig die Hände. Dann strich er sich seinen Bart und

sagte mit vergnügtem Augenzwinkern: „Jetzt lassen wir alle anderen Leute bei der Höhlenführung mitgehen. In der Zwischenzeit können wir uns in Ruhe unterhalten. Die zweite Führung übernehme nämlich heute ich. Wollt ihr da mitkommen?"

„Freilich!" Alle nickten und setzten sich um einen Holztisch im Freien.

„Sie machen hier Dienst bei der Naturschutzwacht?", fragte der Vater.

„Ja. Schon als Kind habe ich mich mit Vorliebe bei den Höhlen aufgehalten. Jetzt passe ich in meiner Freizeit auf, dass die Urlauber nicht mutwillig oder gedankenlos Schaden in Wald und Feld anrichten."

„Und Höhlenforscher sind Sie auch?", fragte die Mutter.

Arnold nickte lachend: „Aber bei dem schönen Wetter bleibe ich lieber über der Erde." Er wandte sich an Fabian: „Leonhard hat mir erzählt, dass er in dir einen neuen Fledermausfreund gewonnen hat.

Das freut mich. Vielleicht kannst du bei euch in der Stadt als ‚Fledermausschützer' wirken."

„Gibt es denn da überhaupt noch welche?", fragte die Mutter.

Arnold antwortete: „Ja, einige besonders widerstandsfähige Arten haben sich der Umwelt dort gut angepasst. Zwergfledermäuse und Abendsegler vor allem. Hier sind es andere Arten, die wir sehr behutsam beobachten. Die Fledermaus ist das Wappentier der Höhlenforscher. Wir zählen jedes Jahr die Bestände und helfen, dass sie in den Höhlen überleben können."

„Zeigst du uns nachher dann auch Fledermäuse?", fragte Franziska.

„Da muss ich euch leider enttäuschen", antwortete Arnold. „Im Sommer ist hier keine zu finden. Aber im Winter beziehen mehrere Fledermausarten an verschiedenen Stellen Quartier. Manche Tiere verstecken sich einzeln so geschickt in schmalen Spalten, dass wir sie nur bei sorgfältiger Suche entdecken. Andere Arten rücken in Gruppen dicht zusammen. Weil unsere Höhlen immer gleichmäßig feucht, kühl und frostfrei bleiben, sind sie als Schlafplätze für Fledermäuse so gut geeignet."

Er wandte sich an Franziska: „Du hast doch sicher schon von Tieren gehört, die Winterschlaf halten?"

„Ja", sagte Franziska, „die Igel zum Beispiel. Großvater schichtet in seinem Garten immer einen großen Reisighaufen auf, damit sie sich dort den Winter über verkriechen können."

„Der Winterschlaf der Igel hat viel Ähnlichkeit mit dem der Fledermäuse", erklärte Arnold. „Auch sie haben sich im Spätherbst ein dickes Fettpolster angefressen, von dem sie monatelang zehren. Auch ihre Körpertemperatur sinkt ab und gleicht sich der Umgebungstemperatur an. Man kann das mit einem empfindlichen Thermometer, das die Tiere nur von außen berührt, genau messen.

Ihr könnt euch sicher vorstellen, dass ein abgekühltes Tier ziemlich starr und ganz hilflos ist. Deshalb darf man es im Winterschlaf auf keinen Fall stören. Wenn es nämlich plötzlich aufwacht, verbraucht es ungeheure Kraft und verhungert, falls es nicht sofort Nahrung aufnehmen kann. Doch eine Fledermaus muss erst wieder auf eine Körpertemperatur von vierzig Grad erwärmt sein, bevor sie abfliegen kann, um Futter zu suchen. Weißt du eigentlich, Franziska, wie oft dein Herz in der Minute schlägt?"

Sie schüttelte den Kopf, doch Fabian antwortete: „Siebzigmal etwa."

„Und neulich, als du so hohes Fieber gehabt hast?", erinnerte ihn die Mutter.

„Da waren es hundertzwanzig Schläge", sagte Fabian, „so viele, wie manchmal in

der Turnstunde, wenn wir uns recht an-
strengen müssen." „Und nun denkt euch",
sagte Arnold, „bei einer Fledermaus, die in
vollem Einsatz auf Nahrungssuche ist,
kann das kleine Herz mehr als sechshun-
dertmal in der Minute schlagen. Im Winterschlaf jedoch pumpt es in dieser Zeit-
spanne nur etwa zehnmal. Und der Atem
geht ganz langsam, es gibt sogar minu-
tenlange Pausen zwischen den einzelnen
Atemzügen."

Der Vater deutete auf eine Tafel beim
Höhleneingang: „Hat es auch etwas mit
den Fledermäusen zu tun, dass die Höhle
nur von Anfang Mai bis Ende September
für Besucher geöffnet ist?"

„Genau", sagte Arnold. „Ihr habt ja soeben
erlebt, wie laut es zugehen kann. Müssten
die armen Fledermäuse auch noch das
Blitzlicht von Fotografen über sich ergehen
lassen, würden die Störungen ihr Leben
bedrohen. Bei allen Höhlen hier in der

57

Gegend verschließen wir deshalb im Winter die Eingänge bis auf schmale Einflugschlitze. So halten wir Touristen und neugierige Einheimische von schlafenden Fledermäusen fern."

„Und wo schlafen sie jetzt im Sommer?", fragte Franziska.

„In Scheunen und Kirchtürmen, auf Dachböden alter Gebäude die einen, andere in hohlen Bäumen, Nistkästen oder auch an Felswänden. Manche Arten ziehen über weite Strecken wie Zugvögel. Sie leben im Sommer in nördlichen Gegenden."

„Wann halten Fledermäuse Hochzeit?", wollte die Mutter wissen.

Arnold antwortete: „Wenn gegen Ende des Sommers die Jungen selbstständig geworden sind, tun sich Männchen und Weibchen wieder zusammen. Der September ist der Hochzeitsmonat. Doch erst im Frühling beginnt die eigentliche Tragezeit der Fledermausmütter. Ende Juni etwa werden die Jungen geboren."

„Sie kommen heraus!", rief Franziska aufgeregt und sprang auf.

„Die Fledermäuse?", fragte Fabian verwirrt.

„Nein, die Leute aus der Höhle!", sagte Franziska. „Dann wird es Zeit für uns", sagte Arnold. „Wenden wir uns nun den Geheimnissen der Tropfsteine im Innern der Erde zu."

7
Abschied

Das schöne Wetter hielt an. Fabian fühlte sich auf dem Bauernhof wie zu Hause. Tagsüber nahm ihn Leonhard oft mit aufs Feld. Nacht für Nacht stellte er sich den Wecker, um Herrn Mausohr zu beobachten.

Die Fledermaus schien sich an Fabian gewöhnt zu haben. Sie zeigte sich wenig scheu. Manchmal ließ sie sich lange Zeit, bevor sie den Weg in die Nacht hinaus suchte.

Einmal war sie auf dem Fußboden hinter einer Beute her. Mit schnellen rudernden Bewegungen der eingeklappten Flügel krabbelte sie auf allen Vieren durch den

Raum. Ihr Schmatzen verriet, dass die Jagd erfolgreich gewesen war. Fabian musste bei dem komischen Anblick laut lachen. Da breitete Mausohr im Aufhüpfen die Flügel und segelte fort.

Die Ferienzeit ging zu Ende. Am Abend vor der Abreise nahm Franziska allen Mut zusammen und zog mit ihrer Matratze auch in die Dachkammer.

Als der Wecker läutete, war es wie in der ersten Nacht: Die Fledermaus hing am Balken und erkundete mit ihren Rufen die Umgebung. Dann flog sie los.

Fabian hatte die Wäscheleine bereits abgenommen. Mit Erstaunen bemerkte er, dass Mausohr sich trotzdem so verhielt, als ob sie noch da hinge. Offensichtlich hatte er sich das Hindernis eingeprägt.

„Was bist du für ein gescheites Tier!", murmelte Fabian. Doch da entschwand die Fledermaus durchs Fenster.

„Auf Wiedersehen, Herr Mausohr!", rief

Fabian ihr nach. Plötzlich fühlte er einen Kloß im Hals – einen ganz dicken Kloß. Es war ja die letzte Nacht in der Dachkammer. Schnell knipste er das Licht aus.

Franziska jedoch ließ sich mit einem tiefen, zufriedenen Seufzer in ihr Kissen zurückfallen. „Jetzt habe ich was zu erzählen!", sagte sie und schlief sofort wieder ein.

Beim Abschied am anderen Morgen ging es laut und lustig zu.

„Also, nächstes Jahr kommen wir wieder", versprach der Vater.

„Abgemacht", sagte die Bäuerin. Sie reichte einen Spankorb mit einer guten Brotzeit für die Heimfahrt und allerlei Gemüsen und Früchten aus ihrem Garten ins Auto. „Schreib uns einmal!", sagte sie zu Fabian.

„Ganz sicher", versprach er.

„Viele Grüße an die Fledermäuse in der Stadt!", rief Leonhard.

Fabian nickte lebhaft: „Werde ich bestellen.

Und pass gut auf Herrn Mausohr auf!"
„Verlass dich drauf!", rief Leonhard.
Dann sprang der Motor an und das Auto
rollte aus dem Hof.